2
사고력짱

프롤로그

아라찌와 함께 속담을 배우면, 오늘부터 내가 사고력 짱!

속담은 예로부터 민간에 전하여 오는 쉬운 격언이나 잠언을 말합니다.

속담은 생활 속에서 발생할 수 있는 여러 가지 상황을 짧은 문장으로 비판하고, 풍자하며, 교훈을 주기도 하고 해학과 웃음을 선사하기도 한답니다. 그래서 속담을 알면 우리의 문화와 풍습을 자연스럽게 배우게 되지요.

속담은 과거에만 머물러 있지 않습니다. 현대를 사는 우리의 일상에서도 속담은 유용하게 사용됩니다. 신문 기사, 뉴스 보도, 일상의 대화에서 속담은 여전히 살아 숨 쉬고 있습니다.

속담은, 당장 학교에서 배우는 교과서, 과제물, 선생님 수업에도 자주 등장합니다.

교과서에 수록된 문학 작품 속에서 만나기도 하고, 글머리 쓰기에서 '속담으로 시작하는 방법'을 배우기도 하지요. 그리고 제일 중요한 점! 학교 시험에서 만나기도 합니다. 시험에서 만나는 건 싫지만, 자주 만나는 편이니 한번 잘 알아두면, 시험 대비에 좋겠죠?^^

≪미리떼 우리말 속담! 아라찌?(사고력 짱)≫은 초등 교과서부터 고교 교과서에 이르기까지 꼭 필요한 속담만을 엄선하여 주제별로 엮었습니다. 동물과 연관된 속담, 시장과 관련 있는 속담, 플러스와 마이너스에 관한 속담, 자연과 생활에 관한 속담, 신체와 연관된 속담 등으로 구성되어 있어요.

PROLOGUE

≪미리떼 우리말 속담! 아라찌?(사고력 짱)≫은 속담이 나오게 된 유래, 어휘의 의미, 실생활에서 사용되는 용례 등을 쉽고 친절하게 알려 줄 거예요.

또한 주제별로 배운 속담들은 가로세로 퀴즈와 용례를 통해 풀어보는 코너도 있어서 이 코너까지 완성하면, 속담은 완전히 나의 것이 되어 학습과 실생활에서 유용하게 적용할 수 있어요.

핵심을 찌르는 짧은 문장으로 사람을 마음을 표현하고, 또 움직이게 하는 속담! 미리 알아두면 참 좋지요. 한마디로 아라찌가 알려주는 대로만 따라가다 보면 우리말 속담의 고수는 문제 없답니다!

차례 ↓

Chapter 1.
하늘, 땅, 물의 동물 모두 모여

고기도 저 놀던 물이 좋다 12

고래 싸움에 새우 등 터진다 14

고양이 목에 방울 단다 16

고양이 쥐 생각한다 18

궁지에 몰린 쥐가 고양이를 문다 20

날개 부러진 매 22

단김에 소뿔 빼듯 24

도랑 치고 가재 잡는다 26

빈대 잡으려다 초가삼간 태운다 28

소도 비빌 언덕이 있어야 한다 30

송충이가 갈잎을 먹으면 떨어진다 32

쇠귀에 경 읽기다 34

썩어도 준치 36

재미나는 골에 범 난다 38

쥐구멍에도 볕 들 날이 있다 40

Chapter 2.
시장에 가면

가게 기둥에 입춘 46

가는 날이 장날이다 48

갓 사러 갔다가 망건 산다 50

같은 값이면 다홍치마다 52

귀가 도자전 마룻구멍이다 54

망건 쓰자 파장된다 56

약방에 감초 58

호떡집에 불이 났다 60

Chapter 3.
플러스와 마이너스

군불에 밥짓기다 66

되로 주고 말로 받는다 68

원님 덕에 나팔 분다 70

하나를 배우면 열을 안다 72

황소 뒷걸음치다가 쥐 잡는다 74

계란으로 바위를 친다 76

냉수 마시고 이 쑤신다 78

다 된 밥에 재 뿌린다 80

죽은 자식 나이 세기 82

혹 떼러 갔다가 혹을 붙여 온다 84

차례

Chapter 4.
자연으로부터

가랑비에 옷 젖는 줄 모른다 90

가랑잎이 솔잎더러 바스락거린다고 한다 92

감나무 밑에서 입만 벌리고 있다 94

굽은 나무가 선산을 지킨다 96

마파람에 게 눈 감추듯 한다 98

봄비에 얼음 녹듯 한다 100

빛 좋은 개살구다 102

외밭 가에서 신을 신지 말고
오얏나무 아래에서 갓을 고쳐 쓰지 마라 104

Chapter 5.
생활 속에서

거적문에 돌쩌귀 단다 110

그릇도 차면 넘친다 112

낫 놓고 기역 자도 모른다 114

불난 집에 부채질한다 116

선무당이 사람 잡는다 118

아무리 바빠도 바늘허리 매어 못 쓴다 120

양반은 얼어 죽어도 짚불은 안 쬔다 122

자라 보고 놀란 가슴 솥뚜껑 보고 놀란다 124

핑계 없는 무덤 없다 126

Chapter 6.
신체 – 머리부터 발끝까지

겉볼안이라 132

눈 가리고 아웅 한다 134

목구멍이 포도청이다 136

산 입에 거미줄 치랴 138

손바닥으로 하늘 가리기 140

손톱 밑에 가시 드는 줄은 알아도 염통 밑에 쉬 스는 줄은 모른다 142

앓던 이 빠진 것 같다 144

언 발에 오줌 누기 146

제 눈에 안경이다 148

제 배가 부르면 종 배고픈 줄 모른다 150

제 코가 석 자나 빠졌다 152

종로에서 뺨 맞고 한강에 가서 눈 흘긴다 154

중이 제 머리를 못 깎는다 156

Chapter 1.

하늘, 땅, 물의 동물 모두 모여

고기도 저 놀던 물이 좋다
고래 싸움에 새우 등 터진다
고양이 목에 방울 단다
고양이 쥐 생각한다
궁지에 몰린 쥐가 고양이를 문다
날개 부러진 매
단김에 소뿔 빼듯
도랑 치고 가재 잡는다
빈대 잡으려다 초가삼간 태운다
소도 비빌 언덕이 있어야 한다
송충이가 갈잎을 먹으면 떨어진다
쇠귀에 경 읽기다
썩어도 준치
재미나는 골에 범 난다
쥐구멍에도 볕 들 날이 있다

배우고 — 하늘, 땅, 물의 동물 모두 모여

우리 속담에는 하늘에 사는 동물, 땅에 사는 동물, 물속에 사는 동물 등의 행동과 특징에 관련된 표현들이 많이 있어요. 이번에는 '하늘, 땅, 물의 동물 모두 모여'와 관련된 속담에 대해서 배워봅시다.

READY? →→→

01 고기도 저 놀던 물이 좋다

→→ 평소에 살던 제 고향이나 익숙한 환경이 좋다는 말.

"난류성 어류는 수온이 비교적 높은 곳에 살고,"

"한류성 어류는 낮은 온도에서 살아요."

"저도 이불 밖은 위험해서 나가기 싫어요."

"만약 난류성 어류와 한류성 어류의 서식지가 바뀐다면 살아남기 쉽지 않을 거예요. 마찬가지로 사람도 자신에게 익숙한 환경이 좋다는 말이죠."

배우고

하늘, 땅, 물의 동물 모두 모여

READY? → → →

02 고래 싸움에 새우 등 터진다

→ → 힘센 사람끼리 싸우는데, 약한 사람이 그 사이에 끼어 아무 관계 없이 피해를 본다는 말.

"집채보다 더 큰 고래가 서로 싸운다면 주변의 작은 새우들은"

"이리 튕기고 저리 튕겨져 등이 터지겠지요."

"고래 싸움도 싫고 그것 때문에 새우 등 터지는 것도 싫어요. 그냥 고래 사냥하고 새우깡이 좋아요."

"이처럼 힘센 사람끼리 싸우는 통에 약한 사람이 중간에 끼어 피해를 볼 때 '고래 싸움에 새우 등 터진다'라고 해요."

하늘, 땅, 물의 동물 모두 모여

READY? → → →

03 고양이 목에 방울 단다

→ → 실행하기 어려운 것을 공연히 의논함을 이르는 말.

비슷한 사자성어 **탁상공론 卓上空論**

고양이가 쥐의 천적인 건 다 알죠. 그래서 쥐들은 고양이 목에 방울을 달면

방울 소리를 듣고 고양이가 오는 걸 알 수 있어 빠르게 도망갈 수 있겠다고 생각했어요.

실행 못 할 걸 말해 봤자 무슨 소용이래요. 완전 시간 낭비지.

하지만 과연 어느 쥐가 자신의 목숨을 걸고 고양이 목에 방울을 달려고 할까요? 이처럼 실행에 옮기지 못할 일을 두고 공연히 의논만 할 때 '고양이 목에 방울 단다'라고 하죠.

 ## 하늘, 땅, 물의 동물 모두 모여

● ● ●

READY? → → →

05 궁지에 몰린 쥐가 고양이를 문다

→ → 아무리 약한 놈이라도 죽을 지경에 이르면 용기를 내어 강적에게 달려든다는 말.

> 진나라 시황제 시대, 엄격한 법 때문에 백성들이 살기 어려워 난이 일어났고,

> 그로 인해 결국 진나라가 멸망했다고 주장한 학자들이 있어요.

> 학폭을 일삼는 일진들에게 해주고 싶은 말이네요.

> 이 속담은 아무리 약자라도 궁지에 몰리면 필사적으로 반항할 수 있다는 의미예요. 쥐의 천적은 고양이지만 약한 쥐라도 죽을 지경에 이르면 강적인 고양이를 무너뜨릴 수 있다는 거죠.

배우고

하늘, 땅, 물의 동물 모두 모여

READY? → → →

06 날개 부러진 매

→ → 위세를 부리다가 타격을 받고 힘이 없게 된 사람을 비유하는 말.

> 매는 사냥에 쓰일 정도로 매서운 동물이죠.

> 이런 매가 날개가 부러졌다는 것은 힘이 잃게 되었다는 의미이므로, '날개 부러진 매'는 힘이 없어진 사람에게 쓸 수 있겠죠.

> 반장을 하려다 못하게 된 내 짝이 딱 날개 부러진 매 신세네요.

하늘, 땅, 물의 동물 모두 모여

●●●

READY? →→→

07 단김에 소뿔 빼듯

→→ 말이 났거나 조건이 알맞을 때를 놓치지 않고 바로 처리해 나감을 비유적으로 이르는 말.

이 속담에서 '단김에'는 '열기가 아직 식지 않았을 때에'라는 뜻이에요.

소뿔은 받으면 위험하기 때문에 우리 선조들은 뿔을 뽑아서 소를 부렸죠.

기회를 놓치지 말라는 말이네요.

그런데 소는 뿔이 나올 때 바로 뽑을 수가 없어요. 뿔에 열을 가해 말랑해지면 이때 뿔을 빼야지 열이 식으면 다시 굳어져서 빼기 힘들어요. 그래서 '단김에 소뿔 빼듯'은 기회가 왔을 때 망설이지 말고 행동으로 옮기라는 의미로 사용하죠.

24 미리떼, 속담! 아라찌?

배우고 하늘, 땅, 물의 동물 모두 모여

READY?

08 도랑 치고 가재 잡는다

한 가지 일로 두 가지 이익을 봄을 비유적으로 이르는 말.

비슷한 사자성어 일석이조 一石二鳥

- '도랑'은 매우 좁고 작은 개울을 말해요.

- 도랑을 친다는 것은 도랑에 물풀이 있거나 흙이 쌓여 물길이 막혔을 때, 그것을 치워 물길을 뚫어준다는 의미예요.

- 동시에 두 가지, 세 가지 이익을 보고 싶네요. ㅎ

- 이 속담은 도랑을 깨끗이 치우다보면 뜻하지 않게 가재도 잡게 된다는 의미로 한 가지 일로 두 가지 이익을 볼 경우 사용하죠.

 **하늘, 땅, 물의 동물 모두 모여**

READY?

09 빈대 잡으려다 초가삼간 태운다

손해를 크게 볼 것을 생각하지 않고 자기에게 마땅치 않은 것을 없애려고 무작정 덤벼 큰 손해를 보는 경우를 비유적으로 이르는 말.

비슷한 사자성어 교각살우 矯角殺牛

'빈대'는 곤충의 일종으로 빈대에 물리면 모기에 물린 것보다 훨씬 더 가려워요.

하지만 생김새가 작고 납작해서 잡아서 죽이기도 쉽지 않아요.

당장 귀찮다고 없앨 생각을 하면 안 되는 거네요.

이런 빈대 수백, 수천 마리가 밤새 나를 물고 뜯고 한다면 초가삼간을 태워서라도 다 죽이고 싶겠죠. 하지만 빈대를 죽이겠다고 초가삼간을 태우면 어디에서 살아야 하나요? 이 속담은 당장 나를 귀찮고 힘들게 하는 것이라도 무작정 없애면 큰 손해를 볼 수 있다는 경고의 메시지를 담고 있어요.

하늘, 땅, 물의 동물 모두 모여

 # 하늘, 땅, 물의 동물 모두 모여

 ● ● ●

READY? → → →

10 소도 비빌 언덕이 있어야 한다

→ → 무슨 일이든지 의지할 곳이 있어야 뜻을 이룰 수 있음을 비유적으로 이르는 말.

덩치 큰 소가 가려울 때는 언덕을 찾아서 긁적거렸나 봐요.

그런데 언덕이 없다면 소는 비빌 곳이 없겠죠.

그래서 어른들이 학연, 지연하며 어울리는 거군요. 그렇다면 나는 초연이죠. 초콜릿 인연으로 비빌 언덕을 찾아야겠어요.

사람도 마찬가지에요. 뭘 하려고 할 때 누군가 도와주는 사람이 있다면 하고자 하는 일을 쉽게 이룰 수 있겠죠. 이럴 때 '소도 비빌 언덕이 있어야 한다'라고 말하죠.

 **배우고**

하늘, 땅, 물의 동물 모두 모여

● ● ●

READY? → → →

11 송충이가 갈잎을 먹으면 떨어진다

→ → 제 직분에 맞지 않는 딴 생각을 하다가는 실패를 한다는 말.

비슷한 속담 송충이는 솔잎을 먹어야 한다

> 송충이는 솔잎을 먹고 살아요.

> 그런데 갈잎을 먹게 되면 배탈이 나서 땅에 떨어져 죽을 수 있다는 의미이니,

> 제 분수를 알라는 말이네요.

> 제 할 일을 하지 않고 다른 뜻을 품으면 낭패를 보거나 실패를 한다는 메시지를 담고 있어요.

32 미리떼, 속담! 아라찌?

배우고 — 하늘, 땅, 물의 동물 모두 모여

READY?

12. 쇠귀에 경 읽기다

사람이 둔하여 아무리 가르쳐도 또는 아무리 설명해도 알아듣지를 못함을 비유적으로 이르는 말.

'경'은 불교의 경전으로 석가모니와 그의 제자의 가르침을 모아 놓은 책이에요.

소귀에 대고 아무리 불경을 열심히 읽어 준들 소가 알아들을 수 없겠죠.

내 동생은 전생에 소였나 봐요. 그렇게 알려 줘도 아직도 구구단을 못 외우고 있으니 쯧.

마찬가지로 사람도 자신이 관심이 없는 것을 아무리 옆에서 알려 주어도 머리에 잘 들어오지 않아요. 이럴 때 '쇠귀에 경 읽기다'라고 말하죠.

하늘, 땅, 물의 동물 모두 모여

READY?

13 썩어도 준치

훌륭하고 값있는 물건은 아무리 낡거나 헐어도 제대로의 가치를 지닌다는 말.

'준치'는 청어목 준치과의 바닷물고기로 맛이 좋아 많은 사람이 좋아하죠.

생선 중에 가장 맛이 좋아 '진어'라고도 해요. 그만큼 가격도 비싸죠.

나야말로 본래 가치가 높으니 '썩어도 준치'는 나 같은 사람을 두고 하는 말이네요.

준치는 썩어도 그 맛은 어느 정도 유지해 진가를 간직한다고 해서 '썩어도 준치'라고 말하죠. 본래 가치가 높은 것은 상해도 그 가치가 남아 있다는 의미죠.

36 미리떼, 속담! 아라찌?

 **배우고** 하늘, 땅, 물의 동물 모두 모여

●●●

READY? → → →

14 재미나는 골에 범 난다

→ → 재미있다고 나쁜 일을 계속하면 나중엔 봉변을 당한다는 말.

'골'은 골짜기를 의미하고 '범'은 호랑이를 뜻하죠.

이 속담은 재미있다고 골짜기에 자주 가다 보면 호랑이를 만날 수 있는 것처럼 재미있다고 위험한 일을 계속하면 언젠가는 큰 화를 당하게 된다는 뜻이죠.

재미있다고 게임을 많이 하다보면 게임 중독이 되는 것 같은 거네요.

 **배우고**

하늘, 땅, 물의 동물 모두 모여

● ● ●

READY? → → →

15 쥐구멍에도 볕 들 날이 있다

→ → 몹시 고생을 하는 사람에게도 좋은 일이 생길 날이 있다는 말.

'쥐구멍'은 쥐가 드나드는 구멍이니 크기가 작은 구멍을 말하죠.

너무나 작은 구멍이라서 그 안으로 햇볕이 들기 무척 어려워요. 그래서 항상 어둡죠.

이 속담은 이런 작고 어두운 구멍에도 햇볕이 들 수 있다는 것으로 지금은 비록 고생스러워도 언젠가는 좋은 일이 생길 거라는 것을 의미하죠.

쥐구멍에도 볕 들 날이 있듯이 저도 언젠가는 1등 하겠죠.

익히고 — 하늘, 땅, 물의 동물 모두 모여

다음 가로 길잡이와 세로 길잡이를 읽고, 낱말 퍼즐을 완성해 보세요. →→→

가로 길잡이

① ○○도 저 놀던 물이 좋다
   HINT 물고기.
② ○○○가 갈잎을 먹으면 떨어진다
   HINT 송나방의 애벌레로 솔잎을 갉아 먹음.
③ 빈대 잡으려다 ○○○○ 태운다
   HINT 세 칸밖에 안 되는 초가. 아주 작은 집을 이르는 말.
④ 쥐구멍에도 ○ ○ ○이 있다
   HINT 해가 내리쬐는 날. 좋은 시기를 비유.
⑤ 쇠귀에 경 ○○다
   HINT 국어 학습에서 글을 바르게 읽고 이해하는 일.
⑥ 단김에 ○○ 빼듯
   HINT 소의 뿔.
⑦ 고양이 쥐 ○○ 한다.
   HINT 어떤 일이나 대상에게 관심을 가짐.

세로 길잡이

① ○○ 싸움에 새우 등 터진다
   HINT 포유강 고래목의 동물을 통틀어 이르는 말.
② 궁지에 몰린 쥐가 ○○○를 문다
   HINT 고양잇과의 하나.
③ 도랑 치고 ○○ 잡는다
   HINT 가잿과의 하나.
④ ○○ 부러진 매
   HINT 새나 곤충의 몸 양쪽에 붙어서 날아다니는 데 쓰는 기관.
⑤ 썩어도 ○○
   HINT 준칫과의 바닷물고기.

다음에 사용된 속담의 용례를 보고, 빈칸에 들어갈 낱말을 채워 보세요.

1 자식에게 아버지는 '소도 비빌 _____이 있어야 한다'는 말처럼 위급할 때, 자식이 비빌 언덕은 바로 아버지이다.
   HINT 땅이 비탈지고 조금 높은 곳.

2 누가 고양이 목에 _____을 달 것인가를 정해야지 이렇게 모여서 회의만 하면 무슨 소용이 있나요?
   HINT 속이 비도록 동그랗게 만들어 그 속에 단단한 물건을 넣어서 흔들면 소리가 나는 물건.

3 재미나는 골에 _____난다고 재미있다고 계속 게임만 하다 보면 게임 중독에 빠질 수 있어요.
   HINT 호랑이.

속담 용례 정답 ① 언덕 ② 방울 ③ 범

십자말 퀴즈 정답
가로 ① 고기 ② 송충이 ③ 초가삼간 ④ 볕 들 날 ⑤ 읽기 ⑥ 소뿔 ⑦ 생각
세로 ① 고래 ② 고양이 ③ 가재 ④ 날개 ⑤ 준치

하늘, 땅, 물의 동물 모두 모여   43

Chapter 2.

시장에 가면

가게 기둥에 입춘
가는 날이 장날이다
갓 사러 갔다가 망건 산다
같은 값이면 다홍치마다
귀가 도자전 마룻구멍이다
망건 쓰자 파장된다
약방에 감초
호떡집에 불이 났다

 # 시장에 가면

시장에 가면 가게도 있고, 약방도 있고, 다홍치마도 있고…
시장에 가면 정말 많은 것들이 있죠. 이번에는 '시장에 가면' 만날 수 있는 속담을 배워 봅시다.

READY?

01 가게 기둥에 입춘

제격에 맞지 아니함을 비유하는 말.

비슷한 속담 거적문에 돌쩌귀 단다

"옛날에는 신분에 상하가 있었고, 직업에도 귀천이 있었죠."

"장사하는 사람은 노비 바로 위쯤되는 하층 계급이었어요."

"그런데 보잘것없는 장사치가 양반네들이나 붙이는 '입춘대길(立春大吉)'을 가게 기둥에 붙이니 다들 격에 맞지 않다고 생각한 거죠. 그래서 '가게 기둥에 입춘'이라고 말한 거죠."

"격에 맞게 우리 집은 '입춘대길'을 써붙여야겠어요."

시장에 가면

READY? → → →

02 가는 날이 장날이다

→ → 일을 보러 가니 공교롭게 장이 서는 날이라는 뜻으로, 어떤 일을 하려고 하는데 뜻하지 않은 일을 당함을 비유적으로 이르는 말.

> 옛날에는 3일장, 5일장처럼 장이 서는 날 물건을 사고팔았죠.

> 지금처럼 편의점이나 마트에서 원하는 날, 원하는 시간에 물건을 살 수 없었어요.

> 시험 보는 날이 장날이면 시험 안 봐도 되겠네요.

> 그런데 만약 내가 멀리 사는 친구를 찾아갔는데 마침 그 친구가 장에 가고 없다면 나는 허탕을 치는 셈이 되겠죠. 이처럼 일이 잘 풀리지 않을 때 '가는 날이 장날이다'라고 하죠.

배우고 시장에 가면

● ● ●

READY? → → →

03 갓 사러 갔다가 망건 산다

→ → 본래의 의미를 잊어 버리고 다른 일에 정신이 팔려 있다는 말.

사극에서 봐서 알겠지만 '갓'은 어른이 된 남자가 머리에 쓰던 의관의 한 종류이고,

'망건'은 상투를 튼 사람이 머리카락을 걷어 올려 흘러내리지 않도록 머리에 두르는 그물처럼 생긴 거예요.

참고서 사러 갔다가 만화책 사가지고 오는 거네요. ㅎ

갓과 망건은 전혀 다른 물건이죠. 그런데 갓을 사러 갔다가 다른 일에 정신이 팔려 망건을 샀다는 이 속담은 원래의 목적을 잊어버렸을 때 할 수 있는 말이죠.

 ## 시장에 가면

● ● ●

READY? → → →

04 같은 값이면 다홍치마다

→ → 이왕이면 질이 더 좋은 것을 택하는 것이 낫다는 의미.

> '다홍치마'는 붉은색의 치마를 말해요. 조선시대에는 다홍치마를 왕족들만 입을 수 있었다고 하네요.

> 왕족이 아닌 여자들은 결혼식 날 딱 한 번 입을 수 있었으니 얼마나 귀한 것이었겠어요.

> '같은 값이면 다홍치마다'라고 했으니 앞으로 합리적 선택을 해야겠어요.

> 그래서 값이 같은 치마들 중에 하나를 고르라면 이왕이면 고운 빛의 다홍치마를 사겠다는 말이 생긴 거예요. 누구나 같은 가격을 지불해야 한다면 질 좋은 것을 선택하겠죠. 그건 예나 지금이나 마찬가지인 것 같아요.

그거 그렇게 하는 게 아니고~

어디서 배웠는데?

윅!

배운 건 아니고, 응아한테 들었어.

으쓱

 ## 시장에 가면

READY? → → →

06 망건 쓰자 파장된다

→ → 일이 늦어져 소기의 목적을 이루지 못함을 이르는 말.

'망건'은 옛날에 남자들이 상투를 틀 때 머리카락이 내려오지 못하게 두르던 것이죠.

여자가 화장하고 나갈 준비를 하듯 남자도 망건을 두르고 갓을 쓰고 나갈 준비를 하죠. 그런데 '망건 쓰자 파장된다'고 하니 나갈 준비만 하다가 장이 끝나 버린 거죠.

준비만 하다 기회를 놓친 경우네요. 시간의 중요성을 말해 주는 속담이네요.

 ## 시장에 가면

READY?

08 호떡집에 불이 났다

질서없이 떠들썩하게 지껄임을 빈정거려 일컫는 말.

이 속담에서 '호떡집'은 중국 빵집을 말해요.

중국어는 성조, 음의 높고 낮음이 있어 중국인들이 대화하는 걸 들으면 시끄럽죠.

우리 집도 아침이면 아빠 출근에, 저 등교에 호떡집에 불 난 것처럼 정신이 없어요.

안 그래도 시끄러운 중국 호떡집에 장사가 잘 되어 호떡이 만들자 마자 팔려 나간다면 가게는 불이 난 것처럼 정신이 없겠죠. 이처럼 호들갑스러운 상황을 표현할 때 '호떡집에 불이 났다'고 해요.

익히고 — 시장에 가면

다음 가로 길잡이와 세로 길잡이를 읽고, 낱말 퍼즐을 완성해 보세요. → → →

가로 길잡이
① 망건 쓰자 ○○된다
  HINT 시장이 끝남.
② 갓 사러 갔다가 망건 ○○
  HINT 값을 치르고 물건을 자기 것으로 만든다.
③ ○○ 기둥에 입춘
  HINT 작은 규모로 물건을 파는 집.
④ ○○에 감초
  HINT 약을 조제하거나 파는 곳.

세로 길잡이
① 가는 날이 ○○이다
  HINT 장이 서는 날.
② 같은 값이면 ○○○○다
  HINT 짙고 산뜻한 붉은빛 치마.

다음에 사용된 속담의 용례를 보고, 빈칸에 들어갈 낱말을 채워 보세요.

1. _____에 불 났니? 왜 이렇게 호들갑이야?
   HINT 호떡을 구워 파는 집이나 가게.

2. 귀가 _____ 마룻구멍이라더니 세기의 영웅 징기스칸은 일자무식이었지만 귀동냥으로 세계를 정복할 수 있는 지혜를 터득했다.
   HINT 작은 칼과 패물 따위를 파는 가게.

속담 용례 정답   ① 호떡집 ② 도나깨나

단답 퀴즈 정답   1번 ① 표정 ② 주다 ③ 가지 ④ 야무 2번 ③ 매 ① 장님 ② 동냥 ③ 그렇지만

시장에 가면

Chapter 3.
플러스와 마이너스

**군불에 밥짓기다
되로 주고 말로 받는다
원님 덕에 나팔 분다
하나를 배우면 열을 안다
황소 뒷걸음치다가 쥐 잡는다
계란으로 바위를 친다
냉수 마시고 이 쑤신다
다 된 밥에 재 뿌린다
죽은 자식 나이 세기
혹 떼러 갔다가 혹을 붙여 온다**

플러스와 마이너스

인생을 살다 보면 플러스가 되는 경우도 있고, 마이너스가 되는 경우도 있죠. 이번 시간에는 '플러스와 마이너스'에 관련된 속담을 배워 봅시다.

READY? →→→

01 군불에 밥짓기다

→→ 남의 일을 해주는 김에 자기 일도 한다거나 밑천도 들이지 않고 쉽게 한다는 말

원래 '군불'은 음식을 하기 위해서가 아니라 방을 데우기 위해 때는 불이에요.

방을 덥게 하기 위해 아궁이에 불을 피우는 김에 밥을 짓기도 하는 거죠.

난방도 하고 밥도 짓고 원 플서스 원(1+1)인 셈이죠. 이처럼 어떤 일을 하는 과정에서 또 다른 일을 쉽게 할 때 '군불에 밥짓기다'라고 하죠.

전 군불에 밥짓는 대신 불멍할래요.

66 미리떼, 속담! 아라찌?

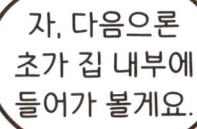

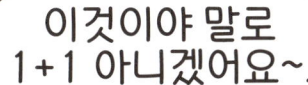

플러스와 마이너스

READY? → → →

02 되로 주고 말로 받는다

→ → 좋은 것이든 나쁜 것이든 조금 주고 그 대가를 많이 받는다는 말.

'되'와 '말'은 곡식이나 액체의 양을 재는 단위예요.

'한 되'가 2리터 정도의 분량이고, '한 말'은 '한 되'의 열 배가 되는 분량이죠.

좋은 건 되로 주고 말로 받고
안 좋은 건 말로 주고 되로 받고 싶네요.

참고로 '한 말'의 열 배는 '한 섬'이라고 해요. 그러니 이 속담은 조금 주고 훨씬 더 많은 대가를 받는다는 뜻이에요.

 ## 플러스와 마이너스

READY?

03 원님 덕에 나팔 분다

훌륭하고 덕이 높은 사람을 따르다가 그 덕으로 자신도 분에 넘치는 대접을 받는다는 말.

옛날에는 고을 사또가 행차할 때 나팔수가 먼저 앞장서서 나팔을 불었지요.

또 나팔수 옆에 있는 사람은 "원님 행차하신다. 길을 비켜라"라고 외쳤죠.

진정 저도 다른 사람 덕분에 잘 되고 싶네요.

그러면 고을 백성들은 옆으로 물러나 머리를 조아렸어요. 지위가 낮은 나팔수가 원님 덕분에 백성들의 인사를 받게 되었던 거죠. 이처럼 이 속담은 다른 사람 덕분에 덩달아 자기도 이익을 볼 때 사용할 수 있는 말이에요.

 **플러스와 마이너스**

READY? → → →

04 하나를 배우면 열을 안다

→ → 일부만 배워도 전체를 미루어서 알 수 있다는 말.

비슷한 사자성어   문일지십 聞一知十

> 하나를 배웠을 때 하나만 아는 사람이 있는 반면 하나가 아닌 여러 가지를 알게 되는 현명한 사람이 있어요.

> 응용력도 좋고 추리력도 뛰어난 센스쟁이. 한 마디로 천재, 지니어스라고 볼 수 있죠.

> 하나열 지니어스! 나를 두고 하는 말이네요.

배우고 플러스와 마이너스

05 황소 뒷걸음치다가 쥐 잡는다

어리석은 사람이 미련한 행동을 하다가 뜻밖에 좋은 성과를 얻었을 때 하는 말.

'황소'는 힘이 센 커다란 수컷의 소를 말해요. 우직하지만 미련하죠.

그런데 미련한 황소가 뒷걸음치다 쥐를 잡았어요.

우연이 행운이 된 경우네요.

따라서 이 속담은 어떠한 일이 우연히 이루어지거나 우연히 알아맞히는 경우를 비유적으로 이르는 말이에요.

배우고 — 플러스와 마이너스

● ● ●

READY? → → →

06 계란으로 바위를 친다

→ → 맞서 싸워도 상대가 되지 않음을 비유한 말.

> 계란으로 바위를 치면 당연히 계란이 깨지겠지요.

> 여러 번을 친들 바위가 깨지지는 않을 거예요.

> 한마디로 불가능하다는 거죠.

> 이 속담에서 계란은 힘 없는 사람을, 바위는 강한 사람을 비유한 것이죠. 하찮은 힘으로 도저히 대항할 수 없는 상대에게 도전하는 무모한 상황일 때 사용하는 말이에요.

 ## 플러스와 마이너스

READY?

08 다 된 밥에 재 뿌린다

다 된 일을 그만 망쳐 버림을 뜻하는 말.

비슷한 속담 다 된 죽에 코 빠진다

> 다 된 밥에 재를 뿌리면 먹을 수 없게 되겠죠.

> 거의 다 된 일을 막판에 우연한 일로 망치게 될 때 '다 된 밥에 재 뿌린다'라고 하죠.

> 다 된 밥에 재 뿌리지 않으려면 끝까지 방심해서는 안 되겠네요. 방심은 금물!

배우고 플러스와 마이너스

READY? →→→

09 죽은 자식 나이 세기

→→ 이왕 그릇된 일을 생각하여도 쓸데없다는 말.

비슷한 속담 죽은 자식 눈 열어 보기

자식이 죽었는데 나이를 헤아리는게 무슨 소용이 있겠어요?

죽은 자식이 돌아오는 것이 아니니 안타까움만 더할 뿐이죠.

난 소용 없는 일은 그만하고 소용 있는 일을 하겠어요.

그러니 '죽은 자식 나이 세기'는 아무런 효과가 없는 일, 소용없는 일을 할 때 사용하는 말이죠.

배우고  플러스와 마이너스

READY?

10. 혹 떼러 갔다가 혹을 붙여 온다

→ → 이득을 얻으려고 갔다가 도리어 손해만 보고 왔다는 말.

> 혹부리 최부자는 혹부리 김 영감이 나무를 하러 산에 갔다가 도깨비에게 혹을 팔았다는 말을 전해 들었어요.

> 부러웠던 최부자는 김 영감처럼 혹을 떼기 위해 산으로 가게 되죠. 결과는 어떻게 되었을까요?

> 플러스를 기대했다가 마이너스가 된 거네요.

> 여러분이 알고있는 대로 김 영감에게 속은 도깨비는 화가 나서 그 혹을 최부자에게 붙여 주었지요. 혹 떼러 갔다가 혹 붙인 격이에요. 좋은 일을 기대하고 갔다가 오히려 안 좋은 일을 당하게 될 때 사용하는 속담입니다.

84 미리떼, 속담! 아라찌?

 **익히고 플러스와 마이너스**

다음 가로 길잡이와 세로 길잡이를 읽고, 낱말 퍼즐을 완성해 보세요.

가로 길잡이

① 원님 덕에 ○○ 분다
  HINT 끝이 나팔꽃 모양으로 된 금관 악기.

② ○ ○ ○에 재 뿌린다
  HINT 다 지어 놓은 밥.

③ ○○로 막을 것을 가래로 막는다
  HINT 넓적한 삼각형 모양으로 생긴 농기구.

④ ○○를 배우면 열을 배운다
  HINT 수효를 세는 맨 처음 수, 1.

⑤ ○○ 마시고 이 쑤신다
  HINT 차가운 물.

⑥ 황소 ○○○치다가 쥐 잡는다
  HINT 발을 뒤로 떼어 놓으며 걷는 걸음.

⑦ ○○으로 바위를 친다
  HINT 닭이 낳은 알.

세로 길잡이

① 죽은 자식 ○○ 세기
  HINT 사람이나 동·식물 따위가 세상에 나서 살아온 햇수.

② 군불에 ○○○다
  HINT 밥 만들기.

③ ○ 떼러 갔다가 ○을 붙여 온다
  HINT 병적으로 불거져 나온 살덩어리.

다음에 사용된 속담의 용례를 보고, 빈칸에 들어갈 낱말을 채워 보세요.

1 되로 주고 _____로 받는다
HINT 곡식이나 액체의 양을 재는 단위, 되의 열 배가 되는 분량.

속담 용례 정답
① 말

속담 퍼즐 정답
가로 ① 나팔 ② 다윗과 달 ③ 호미 ④ 하나 ⑤ 우유 ⑥ 꽃마을 ⑦ 개미
세로 ① 호 ② 팥죽 뿌리기 ③ 나이 ④ 배

Chapter 4.

자연으로 부터

가랑비에 옷 젖는 줄 모른다
가랑잎이 솔잎더러 바스락거린다고 한다
감나무 밑에서 입만 벌리고 있다
굽은 나무가 선산을 지킨다
마파람에 게 눈 감추듯 한다
봄비에 얼음 녹듯 한다
빛 좋은 개살구다
외밭 가에서 신을 신지 말고
오얏나무 아래에서 갓을 고쳐 쓰지 마라

 ## 자연으로부터

비, 바람, 풀, 나무 등 우리 속담에는 자연으로부터 나온 표현들이 많이 있죠. 이번에는 '자연으로부터'와 관련된 속담을 배워 봅시다.

READY?

01 가랑비에 옷 젖는 줄 모른다

사소한 일이라도 소홀히 하면 낭패를 당하거나 큰 손해를 보니 그러한 것에도 유의해야 한다는 말.

우리는 가랑비 정도는 그냥 맞아도 옷이 젖을 거라는 생각을 못하죠.

하지만 가랑비라고 해도 계속해서 맞으면 자신도 모르는 사이에 옷이 젖을 수밖에 없어요.

가랑비든 이슬비든 비가 오면 우산을 써야죠. 펭수 우산 사달라고 해야지. ㅎ

이처럼 아무리 작은 것이라도 그것이 쌓이게 되면 무시할 수 없게 된다는 의미로 '가랑비에 옷 젖는 줄 모른다'라고 말합니다.

 ## 자연으로부터

READY? → → →

02 가랑잎이 솔잎더러 바스락거린다고 한다

→ → 자기 허물이 더 크고 많은 사람이 도리어 허물이 작은 사람을 나무라거나 흉을 본다는 말.

'가랑잎'은 활엽수의 낙엽으로 잎사귀가 넓어 발에 밟히면 바스락거리는 소리가 크게 나죠.

반면 솔잎은 침엽수로 밟아도 소리가 거의 나지 않아요.

남의 흉을 보기 전에 나를 먼저 살펴보는 성숙함이 필요해요!

그런데 가랑잎은 자기 소리 생각도 안하고 오히려 솔잎이 시끄럽다며 탓하고 있죠. 흔히 자기 잘못은 못보고 남의 잘못만 지적하는 경우가 많아요. 이럴 때 '가랑잎이 솔잎더러 바스락거린다고 한다'라고 표현합니다.

배우고 자연으로부터

● ● ●

READY? → → →

03 감나무 밑에서 입만 벌리고 있다

→ → 어떤 상황에서 노력은 하지 않고 불로소득이나 요행수를 바란다는 뜻.

> 감을 얻으려면 감나무에 올라가 직접 따거나 기다란 장대를 이용해서 따는 방법이 있어요.

> 귀찮다고 감나무 밑에서 입만 벌리고 있다면 감이 떨어질까요?

> 시험 공부는 안 하고 시험 잘 보게 해달라고 하는 것과 같네요.

> 노력은 하지 않고 좋은 결과가 나오기를 기다리는 것은 어리석어요. 그런 사람에게 '감나무 밑에서 입만 벌리고 있다'라고 말하죠.

배우고 자연으로부터

READY?

04 굽은 나무가 선산을 지킨다

쓸모 없는 것이 도리어 소용이 된다는 말.

"똑바르게 잘 자란 소나무는 활용할 수 있는 범위가 넓어요."

"거기에 비해 못난 소나무는 크게 자란다고 해도 쓸모가 없는 편이죠."

"하지만 그 못난 소나무는 산에 남아 씨를 뿌리고 자연 재해에 산이 훼손되지 않도록 지켜주는 역할을 해요. 이처럼 쓸모 없는 것이 오히려 도움이 될 때 '굽은 나무가 선산을 지킨다'고 합니다."

"나 이제부터 굽은 채로 다닐래요."

 ## 자연으로부터

READY? →→→

05 마파람에 게 눈 감추듯 한다

→→ 음식을 눈 깜짝할 사이에 빨리 먹는 모습을 비유적으로 이르는 말.

비슷한 속담 두꺼비 파리 잡아 먹듯

- 마파람은 뱃사람들의 은어로 남풍을 말해요.

- 마파람은 보통 비를 몰고 오기 때문에 게가 겁을 먹고 급히 눈을 몸속에 감추고 도망가요.

- 게가 위험하면 재빨리 눈을 감추고 숨어버린다는 데서 유래해 음식을 매우 빨리 먹는다는 의미로 '마파람에 게눈 감추듯 한다'라고 해요.

- 빨리 먹어치운다는 말이네요.

우왕

이름은 뭐라고 지을 거예요~?

너무 귀여운 남동생이네~

모든 일이 잘 되길 바라는 마음으로 이름을 '봄비'라 정했단다.

봄에 태어났으니 봄비에 얼음이 녹듯

배우고 자연으로부터

READY? → → →

08 외밭 가에서 신을 신지 말고 오얏나무 아래에서 갓을 고쳐 쓰지 마라

→ → 남에게 의심받을 짓은 아예 하지 말라는 뜻.

비슷한 한자성어 과전 불납리 이하 부정관
瓜田 不納履 李下 不正冠

'외밭'은 오이나 참외를 심는 밭이고, '오얏나무'는 자두나무를 뜻해요.

그런데 외밭에서 신을 신으려면 허리를 굽혀야 하니

암요. 의심받을 짓은 해서는 안 되죠.

이 모습이 마치 오이나 참외를 따는 것으로 보일 수 있겠죠. 마찬가지로 오얏나무에서 갓을 고쳐 쓰면 오얏을 따는 것으로 오해받을 수 있어요. 애시당초 남에게 의심받을 짓을 하지 말라는 의미로 사용해요.

익히고 자연으로부터

다음 가로 길잡이와 세로 길잡이를 읽고, 낱말 퍼즐을 완성해 보세요.

가로 길잡이

① ○○○에 옷 젖는 줄 모른다
   HINT 가늘게 내리는 비.
② 외밭 가에서 신을 신지 말고 ○○○○ 아래에서 갓을 고쳐 쓰지 마라
   HINT 자두나무.
③ 굽은 ○○가 선산을 지킨다
   HINT 줄기나 가지가 목질로 된 여러해살이 식물.
④ ○○○에게 눈 감추듯 한다
   HINT 뱃사람들의 은어로 남풍.

세로 길잡이

① ○○○이 솔잎더러 바스락거린다고 한다
   HINT 활엽수의 마른 잎.
② ○○○ 밑에서 입만 벌리고 있다
   HINT 감나뭇과의 낙엽 교목, 감이 열리는 나무.

다음에 사용된 속담의 용례를 보고, 빈칸에 들어갈 낱말을 채워 보세요.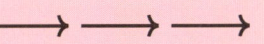

1. 100점을 받으니 그동안 공부하느라 힘들었던 것이 _____에 얼음 녹듯 했다.
   HINT 봄에 내리는 비.

2. '빛 좋은 _____'라더니 포장만 그럴싸하네요.
   HINT 개살구나무의 열매. 가짜 살구.

빛 좋은 개살구 정답 ① 개살구
봄비 정답 ① 봄비 ② 가을비 ③ 눈비 ④ 마파람
봄비에 얼음 녹듯 정답 ① 봄비 ② 웅덩이 ③ 눈비 ④ 마파람

자연으로부터

Chapter 5.

생활 속에서

**거적문에 돌쩌귀 단다
그릇도 차면 넘친다
낫 놓고 기역 자도 모른다
불난 집에 부채질 한다
선무당이 사람 잡는다
아무리 바빠도 바늘허리 매어 못 쓴다
양반은 얼어 죽어도 짚불은 안 쬔다
자라 보고 놀란 가슴 솥뚜껑 보고 놀란다
핑계 없는 무덤 없다**

생활 속에서

우리 주변에는 생활을 편리하게 해주는 많은 물건이 있어요.
생활 밀착형 속담들도 많이 있죠. 이번에는
'생활 속에서' 만날 수 있는 다양한 속담에 대해서 배워 봅시다.

READY? → → →

01 거적문에 돌쩌귀 단다

→ → 격에 맞지 않는다는 말.

비슷한 속담 가게 기둥에 입춘

'거적문'은 문짝 대신에 거적을 친 것이니 임시로 쳐 둔 문이죠.

그리고 '돌쩌귀'는 문을 여닫는 데 쓰는 두 개의 쇠붙이에요.

분수에 맞지 않는다는 말이네요.

그러니 '거적문에 돌쩌귀 단다'는 건 제 격에 맞지 않게 치장을 하는 것을 비유한 말이에요. 어떤 물건이든 그 용도에 맞게 사용되어야 한다는 뜻이죠.

따란!

절레

절레

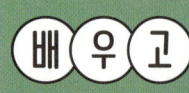 

생활 속에서

○○○

READY? → → →

02 그릇도 차면 넘친다

→ → 그릇도 가득 차면 넘치듯이 모든 일에는 한도가 있어서 이를 초과하면 쇠퇴하게 된다는 말.

비슷한 속담 달도 차면 기운다

어떤 그릇도 물이 가득 차면 넘치기 마련이죠.

그릇에 물을 담을 수 있는 양은 그릇이 만들어 졌을 때 이미 정해져 있는 셈이죠.

올라갔으면 내려오기 마련이다. 뭐 이런 말이네요.

인간의 욕심도 마찬가지예요. 아무리 욕심을 부려봤자 일정 부분에 도달하면 쇠하게 되죠. 이럴 때 '그릇도 차면 넘친다'라고 말하죠.

생활 속에서   113

 ## 생활 속에서

● ● ●

READY? → → →

03 낫 놓고 기역 자도 모른다

'ㄱ'자 모양으로 생긴 낫을 보면서도 기역 자를 모른다는 의미로, 아주 무식함을 뜻하는 말.

비슷한 사자성어 목불식정 目不識丁
비슷한 속담 기역자 왼다리도 못 그린다

'낫'은 벼나 풀을 벨 때 사용하는 농기구죠.

낫은 'ㄱ'자 모양으로 생겼어요.

난 무식한 건 싫어요. 유식한 게 좋지.ㅎ

그런데 기역 자와 비슷하게 생긴 낫을 보고도 기역 자를 모른다는 것이니 '낫 놓고 기역 자도 모른다'라는 말은 아는 것이 없어 아주 무식하다는 말이죠.

생활 속에서

 ## 생활 속에서

READY?

04 불난 집에 부채질 한다

남의 재앙을 더 커지도록 만들거나 성난 사람을 더욱 성나게 함을 비유적으로 이르는 말.

> 불난 집에 부채질을 하면 활활 타올라 더 잘 타겠죠.

> '불난집에 부채질 한다'는 어려움에 처한 사람을 도와주기는커녕 더 어렵게 만들거나 화난 사람을 더 화나게 한다는 말이에요.

> 내 동생이네요. 불난 집에 부채질하고 염장지르는 사람. ㅠ

 ## 생활 속에서

● ● ●

READY? → → →

05 선무당이 사람 잡는다

→ → 능력이 없어서 제구실을 못하면서 함부로 하다가 큰일을 저지르게 됨을 비유적으로 이르는 말.

여기서 '선'은 '서툰', '충분치 않은'이라는 뜻이에요.

따라서 '선무당'은 서투르고 미숙하여 굿을 제대로 하지 못하는 무당을 말하죠.

잘 모르면서 아는 척하면 안 되겠네요.

능숙하지 않은 선무당은 제대로 점을 볼 수가 없으니 잘못된 점괘로 어느 때는 사람의 목숨까지 앗아갈 수 있어요. 이 속담은 잘 알지도 못하면서 아는 척을 하다가 일을 망쳐 버릴 때 사용합니다.

 ## 생활 속에서

READY? → → →

06 아무리 바빠도 바늘허리 매어 못 쓴다

→ → 아무리 바쁜 일이라도 일정한 순서를 밟아서 하여야 함을 이르는 말.

비슷한 속담 우물에 가 숭늉 찾는다

> 바느질을 하려면 바늘귀에 실을 꿰어야 해요.

> 급하다고 해서 바늘허리에 실을 매어 봤자 바느질을 할 수가 없잖아요.

> 바쁠수록 일의 순서를 지켜야 겠네요.

> 이 속담은 아무리 바빠도 마땅히 갖추거나 거쳐야 할 과정은 반드시 거쳐야 일이 제대로 된다는 의미예요.

 **생활 속에서**

• • •

READY? → → →

08 자라 보고 놀란 가슴 솥뚜껑 보고 놀란다

→ → 한번 크게 놀란 사람은 비슷한 것만 봐도 매사에 필요 이상으로 조심을 한다는 말.

'자라'는 거북하고 비슷하게 생겼는데, 사람의 손가락을 잘라낼 수 있을 만큼

이가 아주 강하죠. 또 한번 물면 절대로 놓지 않는 특징이 있어요.

일종의 트라우마 같은 거네요.

솥뚜껑은 얼핏 보면 자라 등처럼 생겼어요. 보통 솥뚜껑만 보고 놀라지는 않죠. 하지만 자라에게 물렸던 경험이 있는 사람은 자라의 등처럼 생긴 솥뚜껑만 보고도 놀랄 수 있어요. 따라서 이 속담은 한번 혼이 나면 그와 비슷한 것만 봐도 겁을 먹는다는 의미죠.

 ## 생활 속에서

READY?

09 핑계 없는 무덤 없다

→ → 어떤 일이라도 반드시 핑계거리가 있다는 말.

'핑곗거리'는 방패막이나 변명을 말하죠.

유교 문화권이었던 옛날에는 무덤이 많았어요.

난 핑계가 아니고 동생이 정말 너무 시끄러워서 공부를 할 수가 없어요.

그 무덤에는 저마다의 사연이 있었을 거예요. 누구는 나이 들어서 죽고, 누구는 아파서 죽고 등등. 이 속담은 무덤의 각기 다른 사연처럼 어떤 일이라도 그것을 변명하고 이유를 붙일 수 있다는 말이죠.

익히고 생활 속에서

다음 가로 길잡이와 세로 길잡이를 읽고, 낱말 퍼즐을 완성해 보세요. → → →

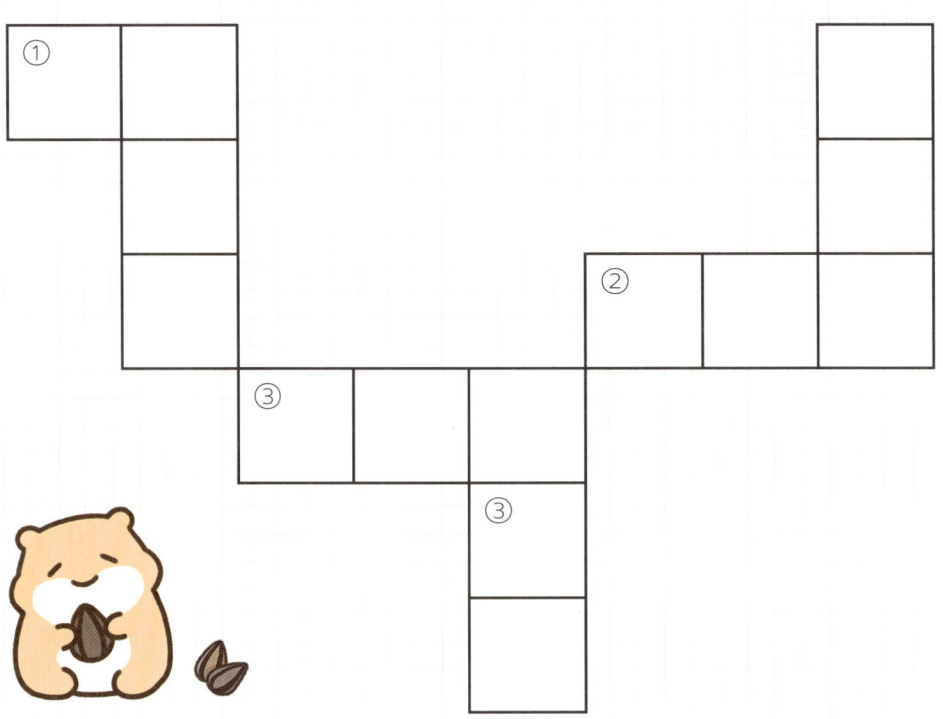

가로 길잡이

① 양반은 얼어 죽어도 ○○은 안 쬔다
   HINT 짚을 태운 불.
② 자라 보고 놀란 가슴 솥뚜껑 보고 ○○○
   HINT 뜻밖의 일이나 무서움에 가슴이 두근거린다.
③ 거적문에 ○○○ 단다
   HINT 문을 여닫는 데 쓰는 두 개의 쇠붙이.

세로 길잡이

① ○○○에 부채질 한다
   HINT 불이 난 집.
② 그릇도 차면 ○○○
   HINT 가득 차서 밖으로 흘러나오거나 밀려난다.
③ 핑계 없는 ○○ 없다
   HINT 송장이나 유골을 땅에 묻어 놓은 곳.

다음에 사용된 속담의 용례를 보고, 빈칸에 들어갈 낱말을 채워 보세요.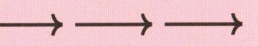

1 ____ 놓고 기역자도 모른다더니 너를 두고 하는 말이구나. 초등학교 6학년이 구구단도 못 외우는 건 좀 심하다는 생각이 드네.
HINT 곡식, 나무, 풀 따위를 베는 데 쓰는 농기구.

2 아무리 바빠도 _____ 허리 매어 못 쓴다고, 개념부터 익히고 문제 풀이를 해야지 제대로 실력을 쌓을 수 있어요.
HINT 옷 따위를 짓거나 꿰매는 데 쓰는 바느질 도구.

3 잘 모르는 일을 아는 척 덤볐다가 그르쳤을 때 흔히 쓰는 '_____이 사람 잡는다'는 속담도 엄마가 말하면 가시가 느껴졌다.
HINT 서투르고 미숙하여 굿을 제대로 하지 못하는 무당.

낱말 퀴즈 정답 1개 ① 표절 ② 로드니 ③ 돌팔이 개세 ① 톨로지 ② 모노드 ③ 눈물 **누움 채우기 정답** ① 낫 ② 바늘 ③ 선무당

Chapter 6.

신체 – 머리부터 발끝까지

겉 볼 안이라
눈 가리고 아웅 한다
목구멍이 포도청이다
산 입에 거미줄 치랴
손바닥으로 하늘 가리기
손톱 밑에 가시 드는 줄은 알아도
염통 밑에 쉬 스는 줄은 모른다
앓던 이 빠진 것 같다
언 발에 오줌 누기
제 눈에 안경이다
제 배가 부르면 종 배고픈 줄 모른다
제 코가 석 자나 빠졌다
종로에서 뺨 맞고 한강에 가서 눈 흘긴다
중이 제 머리를 못 깎는다

배우고 : 신체 - 머리부터 발끝까지

머리, 눈, 코, 입, 목구멍, 혀, 발에 이르기까지 우리 신체와 관련된 많은 속담들이 있죠. 이번에는 '신체 - 머리부터 발끝까지'에 관련된 속담을 배워 봅시다.

READY?

01 겉 볼 안이라

생김새만 보고서도 속 마음씨를 짐작할 수 있다는 말.

'겉 볼'은 겉모양 즉, 생김새를 말하고,

'안'은 마음씨를 말하죠.

그러니 이 속담은 겉모습으로 속마음을 짐작할 수 있다는 의미죠. 우리가 흔히 인상이 좋으니 나쁘니 하는 것과 같은 말이죠.

저는 얼굴도 좋고 마음도 좋죠.

신체 – 머리부터 발끝까지

● ● ●

READY? → → →

03 목구멍이 포도청이다

→ → 먹는 일 때문에 해서는 안 될 일까지 한다는 말.

'포도청'은 조선시대 범죄자를 잡거나 다스리는 일을 맡아보던 곳이에요.

범죄인줄은 알지만 참기 어려울 정도로 배가 고프면 어떻게든 먹고 싶은 생각뿐이잖아요.

뉴스에 나오는 생계형 범죄 같은 거네요.

그러니 이 속담은 포도청에 잡혀 갈 걸 알면서도 먹고 살기 위해 죄를 저지르는 경우를 이르는 말이죠.

 배 우 고

신체 – 머리부터 발끝까지

READY? → → →

04 산 입에 거미줄 치랴

→ → 아무리 살림이 어려워 먹을 음식이 떨어져도 사람은 어떻게든 죽지 않고 먹고 살아가기 마련이라는 말.

'거미줄'은 거미가 만든 줄로 폐가 같은 곳에서 흔히 볼 수 있죠.

거미가 사람의 입 안에 거미줄을 치려면 사람이 아무것도 먹지 않아야 해요.

죽지 않아, 죽지 않아.

그런데 '산 입에 거미줄 치랴'라고 했으니 '산 입에 거미줄 치지 않는다'는 말이고 이는 아무리 살기 어려워도 산 사람은 죽지 않고 살아갈 수 있음을 의미합니다.

 **신체 - 머리부터 발끝까지**

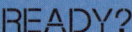

05 손바닥으로 하늘 가리기

→ → 가린다고 가렸지만 가려지지 않는다는 말.

> 하늘을 한번 올려다 볼까요?

> 이렇게나 넓고 큰 하늘을 작은 손바닥으로 어떻게 가리겠어요?

> 불가능이나 임기응변이니 진실은 언젠가는 드러나겠네요.

> 불가능하다는 말이죠. 그런데 만약 손바닥으로 하늘을 가렸다면 그건 불리한 상황을 임기응변으로 대처한 것에 불과해요. '손바닥으로 하늘 가리기'는 이처럼 두 가지 경우에 모두 사용할 수 있어요.

 **신체 - 머리부터 발끝까지**

READY?

06 손톱 밑에 가시 드는 줄은 알아도 염통 밑에 쉬 스는 줄은 모른다

→ → 눈에 보이는 작은 일은 알면서 눈에 보이지 않는 큰 손해는 모르고 있다는 말.

비슷한 속담 손톱 곪는 줄은 알아도 염통 곪는 줄은 모른다

'염통'은 우리 몸의 중요한 기관인 심장의 순우리말이에요.

그리고 '쉬'는 파리의 알을 말하며, '스는'은 알을 까는 것을 말해요.

정말 중요한 본질에 민감해야 한다는 말씀이죠.

따라서 이 속담은 손톱 밑 가시처럼 눈에 보이는 작은 것에는 민감하게 반응하면서 염통처럼 중요한 것에 파리가 알을 낳는 것을 모르니 눈에 보이지 않는 큰 손해는 깨닫지 못한다는 말이에요.

 **배우고**

신체 – 머리부터 발끝까지

● ● ●

READY? →→→

07 앓던 이 빠진 것 같다

→→ 괴로운 일에서 벗어나게 되어 속이 시원해짐을 이르는 말.

> 앓던 이가 빠지면 시원한 느낌이 들죠.

> 저도 동생이 할머니네 갔을 때 정말 앓던 이 빠진 것처럼 시원했어요. 흐

> 마찬가지로 밤낮으로 괴로워하던 일이 해결되었다면 정말 속이 시원하겠죠. 이럴 경우 사용할 수 있는 속담이 '앓던 이 빠진 것 같다'죠.

배우고  신체 – 머리부터 발끝까지

• • •

READY? → → →

08 언 발에 오줌 누기

→ → 눈앞에 급한 일을 피하기 위해서 하는 임시 변통이 결과적으로 더 나쁘게 되었을 때 하는 말.

비슷한 속담 우선 먹기는 곶감이 달다

꽁꽁 언 발을 녹이려고 오줌을 누면 그 순간은 따뜻하지만,

곧 온기가 식어서 차가워진 오줌 때문에 더 추워지게 돼요.

당장의 유혹을 참아내고 멀리 내다봐야겠어요.

이처럼 곤란한 상황을 잠시 피할 수는 있지만 그 효력이 오래가지 못할 때 사용하는 말이에요.

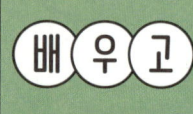 ## 신체 – 머리부터 발끝까지

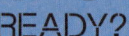 READY?

10. 제 배가 부르면 종 배고픈 줄 모른다

남의 사정은 조금도 알아줄 줄 모르고 자기만 알고 자기 욕심만 채우는 사람을 가리키는 말.

비슷한 속담 상전 배 부르면 종 배고픈 줄 모른다

- 식당의 종업원은 사장을 도와 일을 하는 사람이에요.
- 그런데 사장 자신이 배고프지 않다고 종업원의 식사 시간을 챙기지 않으면 어떻게 되겠어요?
- 정말 이기적이네요.
- 풍요롭게 사는 사람은 남의 딱한 사정을 잘 헤아리지 못한다는 뜻이죠.

 **배우고**

신체 - 머리부터 발끝까지

● ● ●

READY? → → →

11 제 코가 석 자나 빠졌다

→ → 남을 도와주기는커녕 자기도 궁지에 빠져서 어쩔 도리가 없다는 말.

> 한 자가 약 30.3센티미터이니 석 자는 90센티미터 이상이에요.

> 의미를 차분히 잘 생각해 봐야겠죠?

> '제 코가 석자'는 코가 90센티미터 이상 늘어났다기 보다는 콧물이 90센티미터 이상 나올 만큼 나의 상황도 감당하기 힘들다는 의미예요.

> 피노키오인줄~ 그냥 나 챙기기도 힘들다는 말이네요.

 # 신체 – 머리부터 발끝까지

READY? →→→

12. 종로에서 뺨 맞고 한강에 가서 눈 흘긴다

→→ 일을 당한 자리에서는 아무 말도 못하면서 뒤에 가서는 불평한다는 것을 비유적으로 이르는 말. 또는 노여움을 다른 데로 가서 푸는 것을 비유적으로 이르는 말.

비슷한 속담 읍에서 매 맞고 장거리에서 눈 흘긴다

"지금은 교통이 발달 되어 종로에서 한강까지 먼 거리라고는 볼 수 없지만"

"옛날에는 종로에서 한강까지 가려면 한참을 걸어야 했어요."

"왜 엉뚱한 데 가서 화풀이를 하죠?"

"그런데 종로에서 뺨을 맞은 것 때문에 한강까지 가서 눈을 흘긴다는 것이니 욕을 먹은 자리에서는 위세에 눌려 아무 말도 못하고 있다가 엉뚱한 곳에 가서 화풀이를 한다는 거죠."

신체 – 머리부터 발끝까지

READY? → → →

13 중이 제 머리를 못 깎는다

→ → 아무리 중요한 일이라도 자기 문제를 스스로 해결할 수 없다는 말.

"출가하여 승려가 되면 머리를 깎는데 자신의 머리를 스스로 깎기는 힘들잖아요."

"따라서 '중이 제 머리를 못 깎는다'는 말은 자신의 일이라도 자신이 어쩌지 못한다는 의미예요."

"비싼 바리깡은 가능하지 않을까요?"

어떡하지….

왜 그래?

배가 너무 나와서 양말을 못 신겠어….

어휴, 햄이 제 양말 못 신는다더니….

신체 – 머리부터 발끝까지

익히고 — 신체 – 머리부터 발끝까지

다음 가로 길잡이와 세로 길잡이를 읽고, 낱말 퍼즐을 완성해 보세요.

가로 길잡이

① ㅇㅇㅇ으로 하늘 가리기
  HINT 손의 안쪽. 손금이 새겨진 쪽.
② 산 입에 ㅇㅇㅇ 치랴
  HINT 거미가 뽑아낸 줄. 또는 그 줄로 된 그물
③ ㅇㅇㅇ이 포도청이다
  HINT 식도와 기도로 통하는 입 안의 깊숙한 곳.
④ ㅇ ㅇ에 오줌 누기
  HINT 추위로 인하여 뻣뻣하고 감각이 없어진 발.

⑤ 눈 가리고 ㅇㅇ한다
  HINT 얼굴을 손으로 가리고 있다가 떼면서 어린아이를 달래는 소리.
⑥ ㅇㅇ ㅇ 빠진 것 같다
  HINT 아픈 이.
⑦ 제 눈의 ㅇㅇ이다
  HINT 시력이 나쁜 눈을 잘 보이게 하기 위하여 눈에 쓰는 물건.
⑧ ㅇㅇ에서 뺨 맞고 한강에 가서 눈 흘긴다
  HINT 광화문에서 동대문까지 연결되어 있는 서울의 중심 거리. 종이 있는 거리라는 뜻.

세로 길잡이
① ㅇㅇ 밑에 가시 드는 줄 알아도 염통 밑에 쉬 스는 줄 모른다
  HINT 손가락 끝에 붙어 있는 딱딱하고 얇은 조각. 손가락 끝을 보호하는 역할.
② 중이 제 ㅇㅇ를 못 깎는다
  HINT 머리에 난 털, 머리털이 있는 부분.

다음에 사용된 속담의 용례를 보고, 빈칸에 들어갈 낱말을 채워 보세요.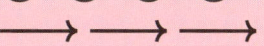

1. '_____ 안이라'고 얼굴이 환한 걸 보니 시험을 잘 봤나 보네요.
   HINT 겉모습.

2. '제 ____가 부르면 종 배고픈 줄 모른다'고 우리들 딱한 사정을 시장님이 어찌 알까 싶네요.
   HINT 사람이나 동물의 몸에서 위장, 창자, 콩팥 따위의 내장이 들어 있는 곳으로 가슴과 엉덩이 사이의 부위.

3. 제 코가 _____나 빠졌다
   HINT 90센티미터 이상.

가로 걸림말 정답: ① 이마 ② 손바닥 ③ 눈두덩 ④ 눈썹 ⑤ 까꿍 ⑥ 이 ⑦ 안경 ⑧ 종로
세로 걸림말 정답: ① 손톱 ② 머리
낱말 용례 정답: ① 얼굴 ② 배 ③ 석자

NOTE →→→

NOTE →→→

미리떼, 속담! 아라찌? (사고력 짱)	**초판 1쇄 인쇄** 2022년 9월 27일 **초판 1쇄 발행** 2022년 10월 10일	**글** 김경남 **일러스트** Terapin · 임유영	**펴낸이** 백영희
펴낸곳 ㈜너와숲	**주소** 04032 서울시 금천구 가산디지털1로 225 에이스가산포휴 204호	**전화** 02-2039-9269	**팩스** 02-2039-9263
등록 2021년 10월 1일 제2021-000079호	**ISBN** 979-11-92509-13-6(세트) 979-11-92509-15-0(73710)	**정가** 13,000원	ⓒ김경남 · Terapin · 임유영 2022
이 책을 만든 사람들	**교정** 유승현 **홍보** 박연주	**마케팅** 배한일 **제작처** 예림인쇄	**디자인** 글자와기록사이

·이 책의 판권은 지은이와 (주)너와숲에 있습니다.
·이 책의 일부 또는 전부를 재사용하려면 반드시 양측의 서면 동의를 받아야 합니다.
·잘못된 책은 구입하신 서점에서 교환해드립니다.